RICONOSCERE LE OPPORTUNITÀ DI AUMENTARE IL FLUSSO DI CASSA.

RICONOSCERE LE OPPORTUNITÀ DI AUMENTARE IL FLUSSO DI CASSA

A cura di: D.K. Hawkins
Versione 1.1 ~Novembre 2022
Pubblicato da D.K. Hawkins su KDP
Copyright ©2022 di D.K. Hawkins. Tutti i diritti riservati.

Nessuna parte di questa pubblicazione può essere riprodotta, distribuita o trasmessa in qualsiasi forma o con qualsiasi mezzo, compresi fotocopie, registrazioni o altri metodi elettronici o meccanici o qualsiasi sistema di archiviazione o recupero di informazioni, senza il previo consenso scritto degli editori, tranne nel caso di brevissime citazioni contenute in recensioni critiche e di alcuni altri usi non commerciali consentiti dalla legge sul copyright.

Tutti i diritti sono riservati, compreso il diritto di riproduzione totale o parziale in qualsiasi forma.

Tutte le informazioni contenute in questo libro sono state accuratamente ricercate e controllate per verificarne l'accuratezza. Tuttavia, l'autore e l'editore non garantiscono, in modo esplicito o implicito, che le informazioni contenute nel presente documento siano adatte a ogni individuo, situazione o scopo e non si assumono alcuna responsabilità per errori od omissioni.

Il lettore si assume il rischio e la piena responsabilità di tutte le azioni. L'autore non sarà ritenuto responsabile di eventuali perdite o danni, conseguenti, accidentali, speciali o di altro tipo, che possano derivare dalle informazioni presentate in questo libro.

Tutte le immagini sono libere di essere utilizzate o acquistate da siti di foto stock o royalty-free per uso commerciale. Per la stesura di questo libro mi sono basato sulle mie osservazioni e su molte fonti diverse; ho fatto del mio meglio per verificare i fatti e dare credito a chi di dovere. Nel caso in cui venga utilizzato del materiale senza il dovuto permesso, vi prego di contattarmi in modo da correggere la svista.

Le informazioni fornite in questo libro hanno uno scopo puramente informativo e non sono da considerarsi una fonte di consulenza o di analisi del credito in relazione al materiale presentato. Le informazioni e/o i documenti contenuti in questo libro non costituiscono una consulenza legale o finanziaria e non dovrebbero mai essere utilizzati senza aver prima consultato un professionista finanziario per determinare cosa sia meglio per le vostre esigenze individuali.

L'editore e l'autore non forniscono alcuna garanzia o altra promessa in merito ai risultati che possono essere ottenuti utilizzando il contenuto di questo libro. Non dovreste mai prendere alcuna decisione di investimento senza aver prima consultato il vostro consulente finanziario e aver condotto le vostre ricerche e la vostra due diligence. Nella misura massima consentita dalla legge, l'editore e l'autore declinano ogni responsabilità nel caso in cui le informazioni, i commenti, le analisi, le opinioni, i consigli e/o le raccomandazioni contenuti in questo libro si rivelino inesatti, incompleti o inaffidabili o comportino perdite di investimento o di altro tipo.

Il contenuto di questo libro, o quello reso disponibile, non è inteso e non costituisce consulenza legale o di investimento, e non si instaura alcun rapporto avvocato-cliente. L'editore e l'autore forniscono questo libro e i suoi contenuti "così come sono". L'uso delle informazioni contenute in questo libro è a vostro rischio e pericolo.

INDICE DEI CONTENUTI.

INDICE DEI CONTENUTI. 4

INTRODUZIONE. 6

CAPITOLO 1: COSA COMPORTA IL VOSTRO FLUSSO DI CASSA. ...9

CAPITOLO 2: IL FLUSSO DI CASSA È UNA COMPONENTE ESSENZIALE PER GUADAGNARE, GESTIRE E INVESTIRE IL DENARO. 15

CAPITOLO 3: DOMANDE A CUI RISPONDERE PER DETERMINARE UN FLUSSO DI CASSA SUFFICIENTE. 28

CAPITOLO 4: MODI RAPIDI PER AUMENTARE IL FLUSSO DI CASSA. 33

    1. Marketing di affiliazione. 33

    2. Investire nel settore immobiliare. 36

    3. Prestatore basato sulle attività. 39

    4. Sito per i soci. 43

    5. Vendere Coaching. 47

    6. Fare rete attraverso i sondaggi retribuiti. 50

    7. Guadagni Amazon. 53

    8. Prodotti stagionali in dropshipping. 56

    9. Trading sul Forex. 61

    10. Formazione verde. 63

    11. Outsourcing. 66

    12. Scrivere post sponsorizzati sul blog. 69

13. Programma di coaching online. 72

14. Marketing online. 74

CAPITOLO 5: COME GUADAGNARE 5.000 DOLLARI ALL'ORA E AUMENTARE IL FLUSSO DI CASSA. 78

CAPITOLO 6: TRASFORMARE IL FLUSSO DI CASSA NEGATIVO IN FLUSSO DI CASSA POSITIVO. 87

CAPITOLO 7: RISOLUZIONI PER MIGLIORARE IMMEDIATAMENTE IL VOSTRO FLUSSO DI CASSA. 91

CAPITOLO 8: EVITARE I COMUNI ERRORI DI GESTIONE DEL FLUSSO DI CASSA. 102

CONCLUSIONE. 109

INTRODUZIONE.

Il flusso di cassa è il rapporto tra le entrate e le uscite in un determinato periodo. È consuetudine calcolare il flusso di cassa ogni mese, poiché la maggior parte delle spese ricorrenti si verifica mensilmente. La comprensione del flusso di cassa è indispensabile per la vostra salute finanziaria.

Per determinare il flusso di cassa, si confronta l'entrata regolare di denaro (entrate) con l'uscita normale di denaro (uscite) (spese). È fondamentale tenere conto esclusivamente delle entrate e dei costi costanti, poiché "falsare" le cifre includendo guadagni o spese una tantum equivale a imbrogliare se stessi.

La principale fonte di reddito per la maggior parte delle persone è il lavoro. Tuttavia, se si ricevono guadagni regolari da altre fonti, come rendite, affitti o sussidi governativi, è necessario considerare anche questi.

Le spese devono includere i beni di prima necessità, come l'abitazione, i trasporti e le utenze, e le spese discrezionali abituali. Queste ultime sono spese ricorrenti, ma possono essere del tutto volontarie se si porta la famiglia a cena fuori ogni settimana.

Per ottenere una stima della vostra condizione, è sufficiente sottrarre il flusso di cassa mensile in uscita da quello in entrata. Il flusso di cassa sarà negativo se si spende più di quanto si guadagna. Questo si tradurrà in un indebitamento, a meno che non si limitino le spese. Il flusso di cassa è positivo se si guadagna più di quanto si spende. Quanto maggiori sono le entrate rispetto alle spese, tanto maggiore è la stabilità finanziaria.

Sebbene si tratti di un processo elementare, la maggior parte delle persone raramente si prende il tempo di scrivere le proprie finanze. Anche se avete una conoscenza rudimentale del vostro stato finanziario, questo approccio può essere molto utile. Vedere i numeri sulla carta può convincervi a ridurre le vostre abitudini di spesa o ad adottare una strategia per investire il vostro reddito in eccesso.

L'esame delle proprie finanze è una procedura abbastanza semplice. Dovete tenere sotto stretto controllo il vostro flusso di cassa e monitorare gli aumenti e i cali delle spese e delle entrate, indipendentemente dalla vostra situazione finanziaria. Questo libro fornisce un'analisi più approfondita del vostro stato finanziario e dei modi strategici per riconoscere ogni opportunità di aumentare il vostro flusso di cassa.

Iniziamo.

CAPITOLO 1: COSA COMPORTA IL VOSTRO FLUSSO DI CASSA.

Indipendentemente dalla prospettiva, se volete espandere la vostra ricchezza, dovete migliorare il vostro flusso di cassa. Ma come si può ottenere questo risultato quando si ha un lavoro, una famiglia e molte altre responsabilità?

Riconosco la difficoltà, ma a prescindere dal punto di vista, è necessario migliorare il flusso di cassa. Il lavoro è la principale fonte di reddito per la maggior parte della popolazione mondiale, e questo è ciò che spesso accade:

Il flusso di cassa aumenta con il tempo, ma aumentano anche le spese. L'intero debito non è deducibile dalle tasse! In genere, si tratta di spese come una casa più grande per la famiglia, un'auto migliore, magari qualche vacanza e un camion di articoli per la casa dal rivenditore locale.

Anche se il vostro flusso di cassa è aumentato del 100%, non state accumulando ricchezza se aumentate il vostro reddito da 50.000 a 100.000 dollari all'anno. Vi siete vincolati alla vostra attuale fonte di reddito, che per la maggior parte delle persone è il lavoro.

Avete reso impossibile abbandonare il vostro lavoro, perché ciò richiederebbe un significativo adeguamento del vostro stile di vita. Pertanto, siete effettivamente sul tapis roulant dello stile di vita.

Una volta che avete provato una casa più grande o un veicolo migliore, non vi accontenterete mai di un passo indietro. Siete impegnati nel vostro lavoro da molto tempo. Se il vostro lavoro vi piace, è fantastico. Ma se non vi piace, non è piacevole.

L'idea è quella di generare un secondo reddito continuando a lavorare. Immaginate di poter guadagnare la stessa cifra da un'altra fonte entro l'anno successivo. Non sto parlando di proprietà o di azioni.

Sostituire il proprio reddito con entrambi richiede tempo e impegno; la maggior parte delle persone non dispone di denaro sostanziale per iniziare. Internet è ideale per sostituire il proprio reddito senza dover lasciare il lavoro.

A causa della mancanza di conoscenze informatiche, la maggior parte dei baby boomer ha perso completamente questa miniera d'oro. La buona notizia è che non è necessario essere dei maghi del computer! Internet non è né un "blip" sullo schermo radar né una "moda" destinata a scomparire. Ci sono più di 950 milioni di utenti di Internet in tutto il mondo e le piccole imprese che utilizzano Internet si sono sviluppate molto più rapidamente di quelle che non lo utilizzano.

I clienti non hanno preferenze sul fatto che un'organizzazione grande o piccola gestisca un sito web, e chi ha disponibilità di denaro è più propenso a fare acquisti online. Senza dubbio, il World Wide Web è enorme e continuerà ad espandersi ogni giorno!

Inoltre, il flusso di cassa è fondamentale per la sopravvivenza di un'azienda. Senza di esso, nessuna azienda esisterebbe. Ecco quattro tecniche per migliorare immediatamente il flusso di cassa.

Determinate dove siete e di cosa avete bisogno. Uno dei metodi peggiori per creare reddito è il pensiero casuale. Se vi prendete il tempo di snocciolare i vostri numeri (potete farlo su carta o online in un foglio di calcolo), avrete una comprensione più chiara della provenienza e dell'uscita del vostro denaro.

Non c'è spazio per le speculazioni. Considerate il vostro foglio di calcolo come una mappa. Vi aiuterà a determinare dove siete e dove dovete andare o, in questo esempio, quanto altro denaro avete bisogno di guadagnare.

Esaminate i servizi che già offrite ai vostri clienti e vedete dove potete estenderli. Prendete in considerazione l'idea di inserire nella vostra offerta una giornata o mezza giornata VIP, fissando un prezzo adeguato. I clienti pagheranno per le ore di attenzione concentrata e indivisa che dedicherete alla loro attività o al loro settore.

Proponete di aggiornare i clienti esistenti che ritenete possano beneficiare di un'intera o mezza giornata della vostra attenzione. Queste giornate possono essere offerte di persona o per via elettronica, tramite telefono o streaming video su Internet. Iniziate questo processo contattando i clienti precedenti con l'offerta della nuova giornata VIP. Inoltre, ricordate di vendere i vostri nuovi prodotti alla vostra lista!

Sapete che la maggior parte delle persone preferisce acquisire più clienti e aumentare il proprio carico di lavoro piuttosto che aumentare i prezzi? È un dato di fatto. Se questo è il vostro caso, riflettete sul perché non aumentate i prezzi e su quali convinzioni vi vengono in mente.

Poi chiedetevi perché siete di questo parere e aumentate comunque le vostre tariffe. Sono sincero. Siete l'unica persona che vi impedisce di guadagnare di più. Chi anticipa di più riceve di più. Tuttavia, non lo otterrete se non aumentate le vostre tariffe e non lo richiedete.

Siate consapevoli delle opportunità di incrementare il vostro attuale flusso di cassa. Potrebbe trattarsi di una conferenza. Potrebbe essere una collaborazione con un collega. Potrebbe essere un'opportunità di coaching che vi spinga a diventare più visibili.

Potrebbe essere una possibilità di sponsorizzazione. In questo caso, potete sperimentare la paura e procedere comunque. Se rimanete dove siete, rimarrete dove siete. Dovrete dire di sì e approfittare delle possibilità per farvi strada e migliorare il vostro reddito.

La paura e le convinzioni limitanti non devono imporre la vostra capacità di migliorare il flusso di reddito. C'è libertà e potere nell'intraprendere ciò che si crede impossibile. L'attuazione anche di uno solo dei suggerimenti di cui sopra aumenterà il vostro flusso di reddito personale e professionale.

CAPITOLO 2: IL FLUSSO DI CASSA È UNA COMPONENTE ESSENZIALE PER GUADAGNARE, GESTIRE E INVESTIRE IL DENARO.

Per diventare finanziariamente sicuri in futuro, è necessario conoscere tre aspetti essenziali e distinti della gestione del denaro. Quello ovvio su cui si concentra la maggior parte delle persone è "ottenere denaro". Questo elemento riceve spesso il 90% dell'attenzione di tutti. Ottenere un'istruzione elevata, trovare un lavoro ben retribuito e ricevere uno stipendio sono tutti obiettivi raggiungibili.

L'arte di padroneggiare la creazione di ricchezza consiste nel diventare veramente efficienti non solo nel fare soldi, ma anche nel capire che questa componente è inutile per la ricerca dell'indipendenza finanziaria se non si padroneggiano le abilità delle altre due: La gestione e il corretto investimento del denaro per creare un vero flusso di cassa da portare in banca e a casa.

È essenziale comprendere gli ultimi due aspetti in modo più approfondito rispetto ai primi. Anche una persona con un reddito modesto può accumulare nel tempo una fortuna milionaria se gestisce e investe i propri fondi con un alto livello di competenza e genera un flusso di cassa.

Il flusso di cassa è il fattore più importante per comprendere la crescita della ricchezza. Recentemente è stato reso pubblico uno studio che descrive come una donna abbia lasciato l'università che frequentava negli anni '40 dopo aver ricevuto milioni di dollari.

Per la maggior parte della sua vita ha lavorato come segretaria o receptionist. Come ha fatto a lasciare così tanti soldi? Ha vissuto con i suoi mezzi, ha gestito le sue finanze in modo accorto, ha investito con prudenza e ha accumulato milioni di dollari. Con la crescita dell'inflazione e la svalutazione del dollaro USA, questo fenomeno si sta spesso riducendo.

Ho visto persone con guadagni annui a sei cifre sperperare la propria vita spendendo oltre le proprie possibilità e faticando in pensione. Altri, che hanno guadagnato la metà dei loro colleghi, godono di uno stile di vita sontuoso dopo aver gestito e risparmiato efficacemente il proprio denaro nel corso della carriera.

Il guadagno è generalmente definito dalla vostra effettiva capacità di guadagno, da quanto voi e il vostro datore di lavoro o la vostra azienda ritenete di valere sul mercato, da quanto potete generare dal vostro mestiere o dalla vostra azienda, o da quanto profitto netto genera la vostra organizzazione.

Il modo più semplice per calcolarlo è esaminare le dichiarazioni dei redditi degli ultimi anni e scegliere quella più alta. Quando si cerca di aumentare il proprio potenziale di reddito, ci sono alcune opzioni da considerare. Le più diffuse sono:

- Lavorare altre ore alla settimana, fare straordinari o trovare un secondo lavoro.

- Acquisire la capacità di svolgere la stessa quantità di lavoro che si può fare in meno tempo. Oppure fare più lavoro nella stessa quantità di tempo.

- Tornare a scuola per migliorare gli studi, acquisire nuove competenze o aggiornare la propria formazione.

- Trasferirsi in un posto che paghi di più per le capacità che già si possiedono o accettare una posizione più remunerativa.

La seconda componente, l'effettiva gestione del denaro, è influenzata dalla quantità di denaro generata ogni settimana e dal flusso di cassa. In primo luogo, è necessario guadagnare una quantità di denaro sufficiente a coprire le spese di vita e ad averne ancora un po' dopo aver pagato le bollette. Maggiore è l'importo che rimane dopo aver pagato le bollette, maggiore è la probabilità di avere un flusso di cassa sufficiente per investire.

Se mantenete il vostro attuale tenore di vita e riuscite a pagare le rate, dovreste avere più denaro. Per investire, è possibile "trovare denaro" o "fare denaro". Questo altro reddito o flusso di cassa è l'importo che dovete risparmiare o investire per generare un altro flusso di cassa. Creare un bilancio generale delle vostre spese dopo aver gestito in modo prudente le vostre finanze vi aiuterà a visualizzare il vostro flusso di cassa.

Di seguito sono riportati alcuni dei luoghi principali in cui è possibile "scoprire denaro" da investire nel futuro:

Estinguete immediatamente il debito della vostra carta di credito, iniziando dai saldi più alti. Smettete di sostenere le società di carte di credito e le banche che sfruttano gli americani normali e iniziate a investire nella vostra indipendenza finanziaria.

Quindi, smettete di fare acquisti a credito; sbarazzatevi delle carte di credito e comprate solo ciò che potete permettervi con i soldi che avete guadagnato con il vostro flusso di cassa. Smettete di usare le carte di credito!

Se fumate sigarette, bevete alcolici o partecipate a qualsiasi forma di gioco d'azzardo, bingo o lotteria, ecc. - sono dannosi per la vostra salute e per il vostro futuro finanziario. Ad esempio, una scatola di sigarette costa circa 80 dollari.

Se fumate un solo pacchetto di sigarette alla settimana, sprecate circa 4.000 dollari all'anno per questa terribile abitudine. Una vita da fumatore per oltre 30 anni vi costerà oltre 320.000 dollari, per non parlare dei costi sanitari. Smettete per poter investire nel vostro futuro e godere di uno stile di vita migliore e più redditizio.

Smettete di consumare pasti da ristoranti e catene di fast food. Se siete troppo occupati per preparare i pasti in anticipo, allora siete troppo occupati. Se tutto il resto fallisce, recatevi in un club di magazzini come Sam's Club e acquistate pasti surgelati o esplorate alternative per non spendere dai 20 ai 30 dollari per ogni cena.

Anche se può sembrare assurdo, è comunque meno costoso che mangiare fuori. Per ogni pasto da fast-food consumato fuori casa, aggiungete 8 dollari al costo del pasto. Cinque giorni alla settimana, per cinquanta settimane all'anno, si tratta di una spesa di 2.000 dollari. Fate i conti. Aggiungete da 8 a 20 dollari al giorno per ogni cena seduti, a seconda di dove mangiate. In un anno, questo ammonta a migliaia di dollari.

Considerate se state pagando le rate mensili di un veicolo di proprietà della banca. Se il veicolo è in leasing, non è di vostra proprietà. Ecco un'utile linea guida: Mettete da parte fondi sufficienti, in modo che i pagamenti mensili non superino il 5% del vostro reddito netto mensile. Se il vostro nucleo familiare ha bisogno di due automobili, dovreste acquistare un secondo veicolo usato.

Pagate in contanti il secondo veicolo. Il mio motore più recente era un veicolo usato di fascia alta in ottime condizioni ma con un chilometraggio maggiore. Mi è costato 4.000 dollari in contanti e l'ho guidato per 38 mesi. Mi è costato circa 105,26 dollari al mese per ogni mese di possesso. Si tratta di circa un terzo del costo del finanziamento di un'auto nuova.

Se andate al cinema, assistete a eventi sportivi, fate vacanze costose, vi fate tagliare i capelli alla moda e acquistate abiti costosi, riducete i costi per qualche anno e investite invece di cercare la soddisfazione immediata.

Credo che ora abbiate capito il concetto. Ottimizzando le vostre entrate e liberando liquidità, potrete generare un flusso di cassa e investire nel vostro futuro finanziario.

Valutate se potete eliminare gli "extra" come la TV via cavo, il cellulare, gli animali domestici, le rate dell'auto, i divertimenti e i viaggi non indispensabili, fino a quando il debito non dominerà più le vostre spese mensili.

Quanto più si lavora diligentemente in questo senso, tanto prima si raggiungerà un punto in cui il debito non sarà più un peso per la vita e si disporrà di riserve di denaro sufficienti a rendere le emergenze meno stressanti.

Il vostro obiettivo dovrebbe essere quello di guadagnare tra i 100.000 e i 250.000 dollari per generare un flusso di cassa sufficiente, pari al 10-30% del vostro reddito. Se mantenete uno stile di vita modesto, non dovreste avere problemi a mettere da parte dei fondi per gli investimenti e a costruire un portafoglio solido che vi porterà quasi certamente all'indipendenza finanziaria.

Anche se potete permettervi il pagamento mensile, non diventerete mai milionari se vivrete come tali. Mantenere uno stile di vita modesto e diventare milionari è preferibile che cercare di stare al passo con i vicini (e più probabilmente cercare di superarli).

Una volta aumentato il flusso di cassa di oltre il 30% delle entrate, vi troverete in una posizione eccellente per scegliere una strategia di investimento. Esistono tre tipi di investimento principali: I risparmi, le obbligazioni, l'investimento in azioni in un settore e l'investimento in immobili e la creazione di un'impresa.

L'investimento in un'impresa ha il potenziale per fornire il massimo rendimento. I conti di risparmio, le obbligazioni e le azioni offrono in genere i rendimenti più bassi. Nel corso del tempo, è probabile che si ottenga un rendimento compreso tra l'uno e il sette per cento. Nell'attuale congiuntura economica, gli immobili offrono maggiori profitti, che vanno dal dodici al cinquanta per cento nel tempo.

Il denaro e i guadagni possono produrre un rendimento da centinaia a migliaia di punti percentuali per una società. Qui entrano in gioco il lavoro autonomo e il network marketing. Dovete essere in sintonia con questi TRE ELEMENTI CHIAVE, indipendentemente da ciò che fate, che si tratti di lavoro autonomo, network marketing, avvio di un'attività o vendita diretta:

È necessario avere una passione per ciò in cui ci si impegna, essere in grado di mantenere il proprio entusiasmo e impegnarsi per un periodo prolungato.

Per diventare un leader nel vostro settore, dovete raggiungere un alto livello di esperienza nel campo che avete scelto.

Dovete fornire al mercato ciò che il vostro cliente o la vostra cliente desiderano veramente.

Ricordate che in ogni attività il rischio è tanto maggiore quanto maggiore è la possibile ricompensa. Non investite mai più di quanto potete permettervi di perdere in una singola impresa.

Sviluppare un alto livello di competenza in una materia che vi appassiona è la chiave per ottenere ottimi ritorni sui vostri investimenti. Analogamente ad altri metodi per fare soldi, sarete ricompensati di più se apporterete un'abilità e un talento migliori a qualsiasi cosa venderete, commercializzerete o offrirete a un consumatore o a un potenziale partner commerciale.

Prendete il tempo necessario per svolgere le vostre ricerche e le due diligence per stabilire quale di questi veicoli sarà più adatto a voi e per identificare le opportunità in cui capirete e vi piacerà partecipare in futuro.

Selezionando le attività che comprendete e amate, otterrete rendimenti significativamente più elevati, ridurrete il rischio e subirete meno perdite rispetto a chi si limita a cercare le possibilità con i tassi di rendimento più elevati.

Con l'aumentare del potenziale di rendimento, aumenta anche il pericolo. Per ridurre il rischio associato alla conduzione di affari nell'attuale clima economico, ampliare le proprie conoscenze aumenterà le probabilità di successo finanziario.

Se non siete veramente interessati alla prospettiva al di fuori del potenziale rendimento, la vostra probabilità di condurre la ricerca essenziale e la due diligence rimarrà probabilmente bassa, fallendo.

Il punto di partenza è la situazione attuale del vostro flusso di cassa. Riconoscendo la necessità di migliorare il flusso di cassa e iniziando immediatamente, si aumentano le possibilità di successo in ciascuna delle tre aree di incremento del flusso di cassa.

Non ci sono strade alternative. Per migliorare le vostre finanze oggi e aumentare la vostra indipendenza futura, dovete conoscere il più possibile la vostra situazione finanziaria, creare abitudini migliori e dedicare più tempo ed energie alla gestione e all'investimento del vostro denaro.

CAPITOLO 3: DOMANDE A CUI RISPONDERE PER DETERMINARE UN FLUSSO DI CASSA SUFFICIENTE.

Il flusso di cassa è l'energia finanziaria che sostiene il vostro livello di vita, l'acquisto di beni e servizi, l'istruzione dei vostri figli, la pianificazione della vostra pensione, il vostro bisogno e desiderio di prendervi cura degli altri e la vostra sicurezza finanziaria complessiva.

Per mantenere un flusso di cassa sufficiente, è necessario impegnarsi in una pianificazione prudente, stabilendo gli obiettivi a lungo termine e quelli che porteranno al loro raggiungimento. La sufficienza del flusso di cassa è poi definita dalle risorse necessarie per realizzare questi obiettivi e raggiungere i vostri obiettivi a lungo termine.

Considerando che gli obiettivi sono il trampolino di lancio per gli obiettivi a lungo termine, le possibilità di avere una strategia di successo aumentano considerevolmente se si forniscono risposte chiare a queste cinque domande.

1. Dove mi trovo ora?

È necessario valutare la vostra situazione attuale, determinando la fonte, l'importo e la durata del vostro reddito attuale.

Inoltre, disponete di risparmi mensili dopo aver pagato le bollette?

Le vostre finanze mensili sono in rosso?

Quali sono i beni che generano reddito e che contribuiscono al vostro reddito mensile disponibile?

Rispondere alla domanda "Dove mi trovo?" in modo approfondito e attento è un buon esame di coscienza.

2. Dove desidero arrivare?

Stabilire un obiettivo dà alle vostre azioni e ai vostri comportamenti un senso di scopo, di destinazione e di quantità o intensità. Inoltre, spiegate le ragioni che stanno alla base del vostro obiettivo. Stabilite un piano ambizioso che vi aiuti e vi ispiri a fare la differenza nella vostra vita.

Ad esempio, aumentare il proprio stipendio del doppio, creare un flusso di reddito alternativo modesto di 5.000 dollari o più al mese, avviare un'attività che si possa gestire 10 ore a settimana, o conseguire una laurea o una certificazione avanzata.

3. Quando desidero arrivare?

La procrastinazione genera un'ansia non gestita, una conseguenza significativa e spesso trascurata della mancata definizione di una scadenza. Stimate sempre un periodo di tempo per il successo, altrimenti questo impegno cadrà spesso in fondo all'elenco delle vostre priorità. Per gli obiettivi a lungo termine sono praticabili intervalli da tre a cinque anni.

4. Come ci si arriva?

Determinare le proprie risorse e il modello di spesa. Calcolare il vostro surplus di fondi alla fine del mese e determinare se la vostra attuale fonte di reddito continuerà a mantenervi durante il periodo di attività di concentrazione è un metodo semplice.

5. Che cosa devo avere per arrivare in tempo?

Potete ottenere una certificazione, ristrutturare o ridurre il debito, trasferirvi, ottenere un prestito o creare nuove relazioni. Questo è anche il momento di prendere in considerazione l'acquisizione di un mentore per avere una guida esperta, una prospettiva imparziale e una responsabilità.

Nell'affrontare questi compiti, l'attenzione si sposta sulla determinazione dei mezzi più efficienti per raggiungere il successo nei tempi previsti. Ora avete l'opportunità di sviluppare un piano credibile e di ottenere il sostegno di chi vi circonda.

CAPITOLO 4: MODI RAPIDI PER AUMENTARE IL FLUSSO DI CASSA.

1. Marketing di affiliazione.

Molte persone aumentano il proprio stipendio lavorando part-time da casa. È un'idea fantastica per molti motivi, tra cui orari più flessibili, maggiore indipendenza e infinite possibilità di guadagno.

Supponiamo che stiate pensando di unirvi a milioni di altri lavoratori autonomi di successo sviluppando la vostra azienda di marketing multilivello. In questo caso, avrete bisogno di alcune idee di marketing di affiliazione per migliorare il vostro flusso di cassa.

Dovete avere una conoscenza di base del marketing di affiliazione. Si generano vendite su Internet sviluppando il proprio sito web e conducendo le persone al sito web di un rivenditore, dove viene effettuata la vendita.

L'obiettivo è quindi quello di effettuare la vendita iniziale sul vostro sito web, in modo che i clienti, quando visitano il negozio del commerciante, siano già predisposti all'acquisto. In alcuni casi, inoltre, si può dare loro la possibilità di entrare in contatto con un essere umano, soprattutto quando il sito del commerciante è per lo più automatizzato.

Quando vi iscrivete come associati a un determinato venditore, quest'ultimo vi registrerà e utilizzerà un software di tracciamento per garantirvi una commissione su ogni vendita effettuata attraverso il vostro sito web. Ciò significa che non dovrete investire in un inventario o immagazzinare prodotti, né sarete responsabili dell'imballaggio o della consegna.

La scelta successiva sarà quella di quali prodotti vendere o con quali rivenditori collaborare. Questa opzione si basa solo sui vostri gusti; tuttavia, è consigliabile scegliere qualcosa che utilizzate spesso o per cui avete una forte passione, poiché questo vi fornirà una maggiore comprensione durante la progettazione del vostro sito web.

Prendete in considerazione gli oggetti che apprezzate o che utilizzate spesso, quindi conducete studi approfonditi sulle aziende che li producono. Nel mercato da voi scelto, è probabile che vi siano molte opportunità di affiliazione.

Potete conoscere i programmi di affiliazione che potrebbero interessarvi anche leggendo le numerose valutazioni fornite dagli affiliati precedenti e attuali. Informatevi su quanto tempo l'azienda è in attività e su come è classificata nelle riviste specializzate.

Dovrete soffermarvi a individuare i commercianti che hanno la reputazione di trattare i propri affiliati in modo equo e di mantenerli soddisfatti per un lungo periodo. Quando iniziate il vostro studio, preparate una lista di controllo per sapere cosa volete da un programma di affiliazione collegato alla vostra organizzazione di marketing multilivello.

Dovete anche confrontare l'investimento iniziale per le cose che state pensando di vendere. È possibile investire denaro per guadagnare, anche se l'importo richiesto per iniziare varia notevolmente. Un'azienda con un costo di avviamento modesto ha senso per chi è alle prime armi, poiché può aiutarli a imparare le corde del MLM con un rischio minimo.

2. Investire nel settore immobiliare.

L'aumento del flusso di cassa attraverso gli investimenti immobiliari è sempre stato un mezzo popolare per accumulare ricchezza. Finché le persone continueranno ad acquistare abitazioni, questa rimarrà una delle tecniche più efficaci per incrementare il flusso di cassa personale e costruire ricchezza.

Il problema è che se si utilizza l'immobiliare in modo improprio, si può perdere molto denaro. Esaminiamo alcuni metodi per eliminare i rischi quando si aumenta il flusso di reddito attraverso gli investimenti immobiliari.

Ottenere un mentore esperto.

Coloro che hanno più successo nello sfruttare gli investimenti immobiliari per aumentare il flusso di cassa personale hanno imparato ciò che sanno da qualcun altro. MOLTE poche persone che sfruttano con successo gli immobili per incrementare il flusso di reddito sono arrivate a questo punto attraverso la scuola dei duri colpi. Questo perché una formazione "per tentativi ed errori" negli investimenti immobiliari può costare migliaia e migliaia di dollari in quelle che Dave Ramsey definisce "tasse stupide".

Pertanto, è necessario trovare un mentore affidabile e competente che vi guidi nell'apprendimento degli investimenti immobiliari e nella crescita del flusso di reddito.

In secondo luogo, siate consapevoli della vostra situazione finanziaria.

Prima di investire in immobili per aumentare il flusso di cassa o per accrescere la ricchezza, è essenziale mettere in ordine i propri affari personali. Ciò significa che le vostre finanze sono in ordine, che le vostre spese sono inferiori al 70% del vostro reddito netto e che avete riserve di denaro sufficienti a coprire tre mesi di spese. Inoltre, è consigliabile accantonare costantemente il 10% del proprio stipendio a scopo di investimento.

In questo modo potrete concentrarvi sugli investimenti per incrementare il vostro flusso di cassa senza preoccuparvi se state per investire o meno i fondi del mutuo. Anche se scegliete di non avere questi elementi, dovreste avere un'immagine chiara e scritta del vostro stato finanziario prima di investire in immobili per aumentare il vostro flusso di cassa o sviluppare ricchezza.

Tentativo di fare delle previsioni.

Prima di iniziare a investire in immobili in affitto o in immobili che si desidera vendere per ricavarne un profitto, è bene fare un po' di pratica consultando il sito web dell'agenzia delle entrate e girando per la propria città per farsi un'idea delle prospettive disponibili. Questo vi aiuterà ad acquisire fiducia prima di investire denaro reale per aumentare il vostro flusso di cassa.

3. Prestatore basato sulle attività.

Quali sono i vantaggi che un prestatore basato su attività offre alla vostra azienda?

In due parole: Il "flusso di cassa corrente" è essenziale per il successo di qualsiasi organizzazione.

"Il flusso di cassa creato da un investimento o da un'attività commerciale in un determinato periodo. Si tratta di guadagni prima degli interessi, delle tasse, degli ammortamenti e delle svalutazioni, che sono una metrica del flusso di cassa. Poiché la liquidità è la linfa vitale di un'azienda, molti esperti considerano il flusso di cassa la metrica finanziaria più essenziale. Le aziende con un consistente flusso di cassa vengono comunemente acquisite perché le società acquirenti riconoscono che questa liquidità può essere utilizzata per contribuire a pagare i costi dell'acquisizione".

Nel mondo reale, banche, analisti e altre istituzioni finanziarie valutano la salute finanziaria di un'azienda misurando il suo flusso di cassa. Una società non può pagare le fatture nei tempi previsti, ridurre il debito o investire nella crescita futura senza un adeguato flusso di cassa.

In che modo il finanziamento basato sugli asset può essere vantaggioso?

Alla luce dell'attuale incertezza economica, le imprese possono prendere nuovamente in considerazione i prestiti basati sulle attività come potenziale fonte di capitale circolante per incrementare il flusso di cassa. Storicamente, questa forma di finanziamento non scompare mai; tuttavia, con il deteriorarsi dell'economia e la rarefazione del credito, gli imprenditori sono molto più disposti a pagare un piccolo premio per avere accesso al capitale circolante. In particolare quando l'alternativa è ridurre il capitale circolante. L'insufficienza del capitale operativo si traduce in opportunità mancate e in una crescita limitata.

Perché le banche non concedono credito quando lo fanno i finanziatori basati sulle attività?

I crediti e, in misura minore, le scorte sono le attività a fronte delle quali le società di finanziamento basate sugli asset anticipano il capitale. Mentre le banche sono in crisi a causa di prestiti immobiliari errati e investimenti sbagliati, le organizzazioni di asset-based lending rimangono solide e pronte ad assistere le imprese nell'espansione quando l'economia si riprenderà. I prestatori asset-based concedono finanziamenti solo in base alla capacità dei clienti meritevoli di credito di un'azienda di pagare le fatture entro i termini.

Spesso le banche concedono prestiti alle piccole e medie imprese se dispongono di garanzie reali. Una banca non concederà prestiti senza patrimonio netto, garanzie e flusso di cassa, soprattutto nell'attuale clima economico. Ciò significa che le imprese dovranno rivolgersi altrove per ottenere finanziamenti.

D'altra parte, le risorse bancarie non tradizionali migliorano il flusso di cassa iniettando capitale circolante in ogni fattura generata da un'azienda. L'idea è semplice: aumentare le vendite e migliorare l'accesso alla liquidità. Finché i consumatori sono qualificati per il credito e continuano a pagare puntualmente, i finanziatori basati sugli asset aiuteranno la vostra azienda a espandersi e ad avere successo.

Il finanziamento flessibile di una linea di credito per crediti consente di utilizzare le fatture come garanzia per un rapido accesso al capitale circolante.

Vantaggi dell'utilizzo di un Asset-Based Lender:

- Accesso immediato al capitale.
- La fornitura continua di capitale circolante flessibile per aumentare il flusso di cassa.

- Liberare le risorse umane per attività produttive.
- Investite più tempo nella crescita della vostra attività e meno nella riscossione dei pagamenti.
- A differenza di un tradizionale prestito bancario, non dovrete contrarre alcun debito per la vostra attività.
- Potete finanziare quanto desiderate.

Private i vantaggi:

I prestiti basati sulle attività forniranno alla vostra azienda un finanziamento semplice e personalizzato che vi consentirà di massimizzare le opportunità.

4. Sito per i soci.

Se avete già un modello di azienda o volete avviare la vostra impresa, dovreste considerare la possibilità di un sito associativo. Anche se dipende dal modo in cui il sito di affiliazione verrà creato, potete stare tranquilli sapendo che la maggior parte delle operazioni sono automatizzate e funzionano da sole.

Ciò equivale a un flusso costante di entrate passive e questi siti possono anche contribuire a generare denaro residuo in altri modi.

Esamineremo ora molti metodi noti per monetizzare un sito web associativo:

1. Quote di iscrizione e abbonamenti.

Se prendiamo come esempio le riviste, possiamo notare che esse addebitano ai loro clienti un costo annuale in cambio di un numero mensile. Molte riviste hanno un sistema di rinnovo automatico, che si traduce in un rinnovo automatico dell'abbonamento se non viene cancellato.

Un sito web per abbonamenti funziona in modo simile. Il titolare di un sito web di abbonamenti può addebitare una tariffa annuale e rinnovare automaticamente gli abbonamenti. Le tariffe possono essere rinnovate su base mensile, trimestrale, semestrale o annuale. Il motivo principale per cui questa soluzione funziona così bene è che si offre un livello di valore e di servizio che garantisce effettivamente che gli utenti manterranno la loro iscrizione.

Anche l'iscrizione a livelli può essere molto popolare e funziona offrendo l'iscrizione argento, oro o platino. L'iscrizione Silver fornisce semplicemente l'essenziale, mentre l'iscrizione Gold offre una qualità superiore. L'iscrizione Platinum è più costosa, ma deve avere un valore eccezionale. Adottando un sistema di questo tipo, avrete la possibilità di fare upselling.

Un altro modello di abbonamento prevede l'iscrizione gratuita e funziona in genere come la creazione di un elenco di contatti, offrendo un incentivo alle persone. Lo scopo dell'iscrizione gratuita è quello di fornire al cliente un'occhiata senza rischi a ciò che offrite. Per ricevere tutti i vantaggi dell'organizzazione, i membri devono passare a un'iscrizione a pagamento.

2. Altre opportunità di monetizzazione.

Tuttavia, la riscossione di una quota mensile non è l'unica opzione possibile. A seconda del vostro target demografico e della vostra strategia commerciale, i seguenti metodi possono essere abbinati a iscrizioni a pagamento o gratuite. Altre opzioni includono:

Opportunità di partnership e/o commissioni di affiliazione:

La maggior parte dei modelli di affiliazione si presta a opportunità di partnership e vendite affiliate. Un'opzione è il marketing informativo, che consente di promuovere determinati prodotti all'interno dei contenuti del sito web. Questi prodotti possono essere prodotti di affiliazione o prodotti creati da partner con condivisione del reddito. Esiste anche la possibilità di promuovere il vostro sito associativo a pagamento sul loro sito web.

Altri guadagni:

Potete anche utilizzare i siti associativi per promuovere i vostri prodotti e servizi. Ad esempio, un assistente virtuale potrebbe fornire altre cinque ore di ricerca al mese ai suoi utenti, fornendo al contempo alternative che possono aumentare il profitto.

Guadagni pubblicitari:

Infine, un sito web associativo può generare denaro pubblicitario vendendo spazi pubblicitari a imprese specifiche. In alternativa, potete aderire a schemi di tipo PPC, che prevedono la visualizzazione di annunci pubblicitari sul vostro sito e la ricezione di denaro quando vengono cliccati.

Per determinare quale sia la strategia di monetizzazione più adatta alla vostra attività, dovete considerare i vostri obiettivi, il vostro pubblico di riferimento e la nicchia di mercato a cui siete interessati. Questa azione aumenta la probabilità che i siti associativi incrementino il vostro reddito e il vostro margine di profitto.

5. Vendere Coaching.

Preparatevi a generare un reddito sostanziale con il più semplice programma in cinque fasi per la vendita di coaching.

Che cosa succederebbe se scopriste i passi per guadagnare velocemente e inondare immediatamente il vostro conto in banca?

Siete interessati ad apprendere la formula per vendere coaching online?

Questa sezione ha lo scopo di prepararvi a generare più denaro vendendo le vostre ripetizioni online. Ecco cinque semplici passi che aumenteranno automaticamente le vendite del vostro coaching.

Fase 1: offrire una garanzia di rimborso.

Fase 2: fornire prove e workshop gratuiti.

La pubblicità sul sito web è la chiave del successo della terza fase.

L'obiettivo di questa sezione è dimostrare i passi da compiere per commercializzare il coaching più importante. Ecco le istruzioni che possono essere applicate velocemente e senza sforzo.

Passo 1: offrire una garanzia di rimborso.

Potete attirare i consumatori con incentivi come la garanzia di rimborso, che aumenta le vendite e incoraggia più persone a fare affari con voi riducendo il rischio intrinseco associato a ogni acquisto.

Questo compito aumenterà la fiducia dei vostri clienti, perché nulla andrà perduto. Siate fiduciosi nelle vostre capacità, poiché questa azione farà una differenza significativa per la vostra clientela. Date loro dei campioni gratuiti, che vi aiuteranno a farvi pubblicità.

Secondo passo: fornire prove e workshop gratuiti.

Organizzate un seminario in cui i vostri clienti ricevano informazioni complete sui prodotti e offrite una prova gratuita di uno dei vostri servizi. Presentate la prima prova gratuita, così i consumatori saranno più propensi ad acquistare da voi. In questo modo, potrete convincere le persone del valore delle vostre offerte e di come queste possano migliorare la loro qualità di vita. Cercate di sfruttare l'enorme potere della promozione dei siti web.

La pubblicità del sito web è la chiave del successo della terza fase.

Scrivere articoli per promuovere il vostro sito web è la chiave per ottenere visitatori. Utilizzate la potenza dei motori di ricerca per ottimizzare il traffico verso il vostro sito web. Attraverso il vostro sito web, le prospettive saranno più facilmente comprensibili. Inoltre, popolate il vostro sito web con tutte le informazioni previste. Fornite una panoramica completa di ciò che intendete offrire loro, includendo tutte le vostre idee.

6. Fare rete attraverso i sondaggi retribuiti.

Forse alcuni di noi non ne sono ancora a conoscenza, ma conoscete il networking nei sondaggi retribuiti? Penso che l'unico modo per guadagnare con i sondaggi retribuiti sia rispondere ai sondaggi in tempo e inviarli ai siti di sondaggi. Dopo aver completato l'attività, i siti determineranno quante domande avete risposto in un mese e vi pagheranno.

Per networking si intende la segnalazione di un amico o la segnalazione di altre persone che si uniscono a un'organizzazione o a una società. Se il vostro referral ha successo, sarete ricompensati con denaro o altri incentivi.

Questi siti di sondaggi mirano ad applicare un altro tipo di marketing fondamentale su Internet; secondo quanto riportato, questo metodo viene utilizzato anche nei sondaggi a pagamento. Quando ci si iscrive a un sito di sondaggi si entra a far parte di una rete più ampia.

Secondo la definizione di sondaggio sponsorizzato, ci sono tre attori principali in questo campionato: l'organizzazione di ricerca di marketing, gli inserzionisti/clienti e voi, il consumatore/rispondente. Alle relazioni di rete tra i tre partecipanti primari sono dedicati diversi livelli. Ma come funziona il networking per i tre attori principali di un sondaggio a pagamento?

Innanzitutto, quando vi iscrivete a un sito di sondaggi, sarete classificati in base ai vostri profili di informazioni personali. Ciò significa che sarete inseriti in un gruppo in base al sesso, alla posizione sociale, all'età, al livello di istruzione e/o alla carriera. I candidati ai sondaggi retribuiti sono in genere interrogati sui loro hobby, interessi e cibi preferiti.

In secondo luogo, i clienti/società di ricerche di mercato/pubblicitari firmano un contratto (o pagano il sito di sondaggi) per inviare ai loro intervistati link ed e-mail contenenti sondaggi online. Questi sondaggi hanno qualifiche predeterminate per i rispondenti e saranno inviati direttamente a queste persone.

Non tutti i membri o gli abbonati al sito di sondaggi citato riceveranno queste e-mail e i link; è possibile ricevere un numero limitato di opportunità di sondaggio giornaliere. Dopo aver completato il sondaggio, la vostra risposta sarà trasformata in punti e i punti guadagnati entro una settimana o un mese indicheranno il vostro reddito.

In sintesi, riceverete un numero limitato di sondaggi, che si rifletteranno sul vostro denaro. Se il vostro sito di sondaggi ha un programma di rete, se segnalate altre persone a iscriversi al vostro sito di sondaggi, queste saranno incluse nella vostra rete se vengono accettate.

Ciò significa che riceverete denaro per ogni sondaggio retribuito che completeranno. Se il vostro referente ha successo e indirizza un'altra persona, questa verrà automaticamente aggiunta alla vostra rete e voi riceverete commissioni per ogni sondaggio retribuito che completerà. Complessivamente, questo ha portato a un'altra possibilità di guadagnare con i sondaggi retribuiti, invece di limitarsi a rispondere ai sondaggi.

7. Guadagni Amazon.

Mentre molti marketer affiliati si concentrano sulla vendita di prodotti digitali, il Programma Associati Amazon è molto più ampio e probabilmente più redditizio della maggior parte degli altri programmi di affiliazione, grazie ai numerosi prodotti popolari che è possibile promuovere.

Per ottenere grandi guadagni come affiliato Amazon, è necessario individuare i prodotti giusti da promuovere e sviluppare una strategia di vendita. All'inizio si prevede di generare poche entrate, ma è possibile creare un'attività che si espande nel tempo.

Per guadagnare il massimo su Amazon, dovete essere creativi ed evitare di imitare altri siti del vostro settore. Sul vostro sito web, potete promuovere un prodotto popolare nel vostro settore. Tuttavia, la realtà è che una certa percentuale dei vostri visitatori potrebbe non volerlo acquistare perché lo possiede già o qualcosa di simile, ovviamente ad eccezione di coloro che fanno acquisti attivi.

Per raggiungere un maggior numero di persone, è necessario vendere i prodotti principali, come le fotocamere, e gli articoli collegati o supplementari a coloro che già possiedono una fotocamera. Potete includere le macchine fotografiche, ma dovreste puntare anche su altri prodotti che possono interessare agli appassionati di fotografia, come libri, schede di memoria, software e obiettivi.

Esaminare le statistiche e i rapporti ricevuti da Amazon, che rivelano ciò che le persone acquistano, è un metodo intelligente per determinare quali prodotti simili dovreste perseguire. Non noterete che i clienti non acquistano solo i prodotti commercializzati direttamente, ma anche altri prodotti.

L'osservazione dei modelli di acquisto può anche fornire idee di marketing per le aziende di altre categorie. È possibile prevendere le novità su Amazon prima che siano ufficialmente disponibili, una strategia che pochi adottano.

Questo non è possibile per tutti i prodotti presenti su Amazon, ma spesso è possibile promuovere e prevendere nuovi prodotti prima che vengano pubblicati al pubblico. Ricordate di cercare una pagina Amazon per ogni nuovo prodotto che promuovete. Se esiste una pagina, potete evidenziare sul vostro sito web o blog che il prodotto è già disponibile per il pre-ordine su Amazon.

I prodotti ad alto prezzo che Amazon vende rappresentano per voi un potenziale di guadagno maggiore. Non ci si può aspettare che i prodotti ad alto prezzo convertano con la stessa efficacia di quelli a basso prezzo, ma quando si realizza una vendita, si guadagna molto di più. Alcuni prodotti ad alto prezzo, come i gioielli, possono farvi guadagnare commissioni di 100 dollari o più, quindi può valere la pena di indagare su di essi.

Speriamo che abbiate compreso meglio i vari fattori che influenzano il vostro reddito come Associato Amazon. Una delle cose migliori che potete fare fin dall'inizio è affrontare questa attività come un'impresa legittima. Le cose da fare sono tante, ma una di queste è compiere ogni azione possibile quotidianamente.

8. Prodotti stagionali in dropshipping.

È tornata la frenesia del Natale. Le persone acquistano molti articoli da regalare o da regalarsi. In questa stagione, avete la possibilità di guadagnare denaro extra. La spedizione di merci stagionali potrebbe essere un modo straordinario per guadagnare denaro extra durante il periodo natalizio.

In tutto il mondo si festeggiano le festività natalizie. Ci sono molti individui che fanno shopping e acquistano per sé o per i propri cari. Ci sono feste ovunque si guardi. L'elenco comprende omaggi aziendali, scambi di regali, regali per parenti e amici e altro ancora. Questi sono solo alcuni degli articoli più richiesti in questa stagione.

Il drop shipping è semplice. È possibile eseguire l'operazione anche a occhi chiusi. Questo è il momento ideale per avviare un'attività di drop shipping online se non avete nulla da fare durante le vacanze.

Dovete cercare spedizionieri all'ingrosso di prodotti stagionali. Cercate fornitori che vendano prodotti economici e di alta qualità. Verificate la loro affidabilità come grossisti. Richiedete un campione e verificate la qualità se intendete acquistare prodotti all'ingrosso. Se siete soddisfatti, potete negoziare un accordo per il drop shipping.

Successivamente, dovrete creare un sito web per caricare le immagini dei prodotti che intendete vendere. Assicuratevi che il vostro sito sia abbastanza accattivante da catturare l'attenzione dei clienti. Una volta che tutto è pronto, rispondete a tutte le e-mail dei clienti. Se si informano su un particolare prodotto, rispondete a tutte le loro richieste.

Quando un acquirente è soddisfatto e interessato a un prodotto, effettuerà l'acquisto. Verificate che la merce sia arrivata in condizioni soddisfacenti. Una volta che l'acquirente ha pagato, potete contattare immediatamente il vostro spedizioniere e fare in modo che gli articoli vengano spediti all'indirizzo fornito dal cliente.

Dropshipping Oggi il settore aziendale sta registrando un aumento della redditività. Molti imprenditori che hanno intrapreso questo tipo di attività stanno ora prosperando come imprenditori a pieno titolo e guadagnano redditi gratificanti.

L'abbigliamento per bambini, in particolare per neonati, è una delle nicchie di abbigliamento più richieste per il dropshipping. In genere, le donne acquistano abbigliamento per bambini in eccesso.

Questo perché l'abbigliamento per bambini, in particolare i pannolini, deve essere cambiato spesso. La maggior parte delle madri preferisce acquistare capi di abbigliamento un po' più grandi della taglia del proprio bambino per poterli utilizzare in futuro. In questo modo le mamme risparmieranno sia denaro che tempo, poiché non dovranno più recarsi al centro commerciale e trascorrere la maggior parte della giornata alla ricerca di abbigliamento per neonati.

La maggior parte dei negozi dropship specializzati in questa linea di abbigliamento si è rivolta al dropshipping all'ingrosso. In genere, questi imprenditori continuano a fare affari con i proprietari delle fabbriche che hanno scelto in precedenza, ma questa volta rivendono abbigliamento per neonati in quantità.

Inoltre, i proprietari delle fabbriche hanno favorito questo tipo di transazione commerciale perché anche il loro volume di vendite era in espansione. D'altra parte, voi beneficiate di questo accordo perché potete smaltire comodamente l'oggetto acquistato. In questo modo, il denaro investito può essere facilmente recuperato attraverso il profitto.

Alcuni proprietari di fabbriche acconsentono alla consegna, soprattutto se siete uno dei loro clienti più affidabili che generano un profitto sostanziale. Questo è un momento eccellente per voi, poiché i vostri incassi stanno diventando più gestibili e potete utilizzare il denaro risparmiato per migliorare il vostro sito web e distribuire altri prodotti promozionali.

La tecnologia di Internet sta elevando gli affari, soprattutto nel settore del dropshipping. Utilizzando Internet, la vostra attività di abbigliamento può espandersi a livello globale. Le madri di tutto il mondo possono diventare vostre clienti. Potete conversare con loro come se foste vicini di casa.

L'unico problema è il vincolo temporale, poiché la maggior parte dei clienti si trova in fusi orari diversi. In alcuni casi, il cliente potrebbe contattarvi nel cuore della notte. Basta cercare un aiutante notturno.

Chi sopporta e abbraccia le difficoltà trova semplice guadagnare. È soddisfacente rendersi conto che si può avere un'occupazione stabile anche se si è disoccupati. Non solo state cercando di migliorare la vostra posizione, ma state anche aiutando il vostro Paese a ridurre la disoccupazione.

L'industria del drop shipping richiede un monitoraggio continuo delle fluttuazioni dei prezzi e della domanda di prodotti. È essenziale capire cosa si vende rapidamente sui siti web concorrenti. In questo modo potrete sfruttare al meglio ciò che avete a disposizione.

9. Trading sul Forex.

Il trading sul Forex è accessibile al tipico trader sul mercato dei cambi. Non è necessario essere un trader o un broker professionista per partecipare al mercato FX. Questo mercato è disponibile ventiquattro ore su ventiquattro e si estende su molte piazze e paesi, consentendovi di trarre profitto dalle economie e dal denaro globali.

È possibile imparare ad avere successo nel mercato del forex trading con un po' di istruzione, determinazione e buon senso. Il Forex swing trading è un tipo di trading sul mercato che consente di capitalizzare un movimento di prezzo prima o dopo che si verifichi.

Prima di entrare nel mercato forex, dovreste aver utilizzato una piattaforma di formazione per capire come funziona il mercato e riconoscere quando si sta verificando uno swing. Le piattaforme di formazione parlano spesso di swing trading e di come utilizzare gli indicatori per determinare quando si verificherà o si è verificato uno swing.

Una volta determinato quando si verificherà uno swing, dovrete scegliere da che parte stare. Esistono opportunità di acquisto e vendita durante, prima e dopo uno swing trade. Per ottenere risultati ottimali, è essenziale capire quando operare in uno swing.

Il Forex swing trading può essere semplicemente una delle tattiche impiegate dai trader esperti e dagli investitori tipici, ma è una delle più popolari grazie all'emozione che comporta. È consigliabile riservare questa strategia a quando si è più esperti nel trading sul forex e si è già stati testimoni delle fluttuazioni.

Questo aumenterà il vostro successo nel forex swing trading e migliorerà la vostra capacità di prevedere le mosse migliori durante un'oscillazione. Una volta acquisita la padronanza di questa strategia, sarete tra i migliori trader del forex e sarete in grado di capitalizzare le oscillazioni del mercato invece di perdere denaro.

10. Formazione verde.

L'utilizzo delle energie rinnovabili e la localizzazione di eco-lavori creeranno molte prospettive per nuove vocazioni verdi e saranno un elemento significativo nello sviluppo di nuove opportunità.

Le imprese che passano all'energia verde hanno un impatto enorme sul potenziale di crescita dei lavori verdi. Sono tutte alla ricerca di persone esperte del settore per poterlo implementare nelle loro imprese.

Come si potrebbe utilizzare la formazione verde?

Per incorporare le competenze in materia di energia verde in un'azienda, è necessario che questa disponga di personale qualificato nel settore. A causa della novità del settore, molte organizzazioni dovranno riqualificare o assumere nuovi dipendenti per occupare posti di lavoro verdi. L'intera economia verde ha bisogno di persone più istruite per assistere e adattarsi.

Le università e i college hanno iniziato a offrire corsi sulle questioni ambientali. Il governo fornisce sussidi per l'insegnamento di nuove credenziali di lavoro ecologico e le aziende utilizzano fondi di sovvenzione per formare il maggior numero di persone possibile per entrare nel mercato verde.

Le persone che cercano una formazione ecologica possono inizialmente sentirsi sopraffatte, poiché non riescono a scegliere a quale delle enormi opportunità offerte dalla green economy partecipare.

Ecco alcuni passi iniziali:

Autoformazione - Prima di spendere soldi, dedicate un po' di tempo alla lettura e alla comprensione della green economy. Articoli e libri elettronici online accelereranno i vostri progressi.

Le vostre capacità - Assicuratevi di sapere cosa desiderate. Se vi piace il vostro lavoro, potete esplorare posizioni legate all'ecologia verde o imparare a renderlo rapidamente "più verde".

Formazione verde - Una formazione di qualità è il punto di partenza se volete partecipare alla trasformazione. Il settore occupazionale dell'economia verde è in rapida espansione e sta iniziando a generare nuovi posti di lavoro.

L'economia verde comprende tutti i settori industriali; quasi tutti gli impieghi precedenti possono essere convertiti in impieghi verdi. L'economia verde crea nuovi posti di lavoro nel settore manifatturiero e aiuta tutti gli altri settori occupazionali.

L'energia solare, l'energia eolica, la conservazione dell'energia e la bioedilizia sono campi di formazione verdi.

Da un punto di vista storico, i prossimi anni saranno ricordati come quelli che hanno plasmato il futuro dell'economia verde e dei lavori ecologici.

11. Outsourcing.

L'opportunità di aumentare i profitti è una delle opportunità che gli uomini d'affari cercano. Se possedete un'azienda e desiderate aumentare i vostri guadagni, potete utilizzare diverse tattiche.

Oggi le multinazionali e le aziende online ricorrono all'outsourcing per massimizzare i propri ricavi. Grazie ai numerosi vantaggi che possono contribuire alla crescita dei ricavi di un'azienda, l'outsourcing sta guadagnando popolarità come metodo per reperire personale qualificato.

In molti modi, l'outsourcing può aiutarvi a raggiungere questo obiettivo. L'outsourcing può essere vantaggioso per l'azienda, in quanto riduce i costi di stipendio e di salario. Quando riuscite a ridurre le spese per stipendi e salari, potete avere la possibilità di migliorare i vostri profitti.

Poiché il personale in outsourcing ha un salario inferiore a quello dei normali dipendenti, con l'outsourcing è possibile ridurre i salari e le spese di lavoro. Ciò è possibile grazie alla differenza del costo della vita tra l'azienda e il dipendente in outsourcing.

Quando si assume un dipendente in outsourcing, non è necessario preoccuparsi di benefit e bonus. I dipendenti regolari desiderano benefit come la copertura assicurativa medica e dentistica, oltre agli incentivi per 13 e 14 mesi. Non dovrete più preoccuparvi di queste circostanze quando assumerete un dipendente in outsourcing.

Un altro modo in cui l'outsourcing può migliorare i profitti è la riduzione delle spese di produzione. Quando si assumono dipendenti regolari, questi consumano acqua ed elettricità. Un lavoratore a contratto non contribuirà all'aumento dei costi delle utenze.

Questo aumenterà i costi mensili delle utenze della vostra azienda. Al contrario, un dipendente in outsourcing è responsabile delle proprie spese per le utenze. È responsabile dell'acquisto e del pagamento del computer e della connessione a Internet.

Massimizzando la produzione, l'outsourcing potrebbe anche rappresentare un'opportunità per aumentare i profitti. A volte il vostro team non è in grado di soddisfare le esigenze dei vostri clienti. Questo vi impedisce di espandere e far crescere le vostre opportunità di guadagno. Potete utilizzare l'outsourcing per individuare i candidati più qualificati in grado di soddisfare le esigenze dei vostri clienti.

Grazie all'outsourcing, l'intero globo diventa la vostra fonte di manodopera. Non siete limitati alle risorse umane locali. L'outsourcing può fornirvi molte altre opzioni per incrementare il vostro reddito. Per saperne di più, visitate i siti web contenenti queste informazioni.

Non limitatevi alla costosa manodopera locale; esternalizzando attraverso una piattaforma affidabile, molti lavoratori stranieri qualificati e brillanti sono disposti a unirsi al vostro impero commerciale.

Se sapete dove trovare queste persone online, potete risparmiare almeno il 50% rispetto alle tradizionali assunzioni locali. Queste riduzioni dei costi possono essere più che sufficienti per aiutarvi a espandere la vostra azienda.

12. Scrivere post sponsorizzati sul blog.

Se vi siete dedicati al blogging, lo fate perché siete entusiasti di ciò che scrivete nel vostro blog. Volete condividere le vostre informazioni con il mondo. Volete guadagnare soldi da questa attività.

AdSense è la piattaforma pubblicitaria più popolare tra i blogger e gli editori di siti web, in quanto fornisce annunci pubblicitari pertinenti al contenuto di un blog o di un sito web. Le persone guadagnano un sacco di soldi grazie a questa piattaforma. Alcuni guadagnano cifre a sei zeri utilizzando AdSense; tuttavia, ciò dipende in larga misura dalla popolarità del blog e dalla sua capacità di attrarre traffico dai motori di ricerca.

Oltre ad AdSense, esistono altre opzioni per monetizzare il vostro blog, come gli schemi di affiliazione, che pagano generose commissioni sulle vendite e sui contatti che generate per gli inserzionisti attraverso il vostro sito web. Pertanto, se non siete affiliati ad alcun sito web, vi perdete un'enorme possibilità di guadagno.

La scrittura sponsorizzata sta diventando sempre più popolare tra i blogger. La "scrittura sponsorizzata" ha guadagnato popolarità ed è diventata la preferita dalla maggior parte dei blogger nell'ultimo anno. È noto anche come "blogging a pagamento"; cos'è il blogging a pagamento?

Alcuni siti web mettono in contatto inserzionisti e blogger, tipicamente definiti "siti di blogging a pagamento". Questi siti contengono molti operatori di marketing che cercano qualcuno che scriva dei loro servizi, prodotti o siti web in cambio di un pagamento.

Pertanto, i blogger scriveranno valutazioni su di loro e, se il sito di blogging a pagamento approverà il vostro pezzo, sarete ricompensati e obbligati a pubblicare la recensione sul vostro blog.

Questa pratica sta diventando sempre più popolare perché queste valutazioni non sembrano pubblicità e gli autori vengono pagati molto bene per questo. Alcuni siti pagano 100 dollari solo per un post di appena 400 parole. Il secondo motivo è che i vostri visitatori riceveranno informazioni su nuovi articoli e servizi.

Alcuni siti vi permettono di essere il più critici possibile sui prodotti dell'inserzionista, mentre altri vi limitano a scrivere solo cose belle sull'inserzionista.

L'importo che vi verrà pagato dipenderà da variabili quali il Page Rank e il traffico del vostro blog. Pertanto, massimizzate le vostre entrate con la scrittura sponsorizzata e iscrivetevi al maggior numero possibile di siti di blogging a pagamento per esporre il vostro blog al maggior numero possibile di inserzionisti.

13. Programma di coaching online.

Sono tante le cose che le persone devono studiare oggi per avere successo nella vita. Per migliorare la loro attività, potrebbero aver bisogno di padroneggiare le abilità del marketing online, oppure potrebbero volersi iscrivere a corsi di sviluppo della personalità. La maggior parte di queste persone non ha il tempo di frequentare i corsi universitari tradizionali, quindi si iscrive ai programmi di coaching online per ottenere le conoscenze necessarie.

Come marketer, non potete permettervi di perdere questa occasione. Non solo dovreste valutare l'offerta di programmi di coaching online per aumentare le vostre entrate online, ma dovreste anche considerare di aumentare le tariffe per incrementare i vostri guadagni. Ecco come fare:

Stabilite la vostra autorità online. Se nessuno vi conosce o si fida di voi, è impossibile fare una transazione decente, figuriamoci aumentare i prezzi. Pertanto, i visitatori online devono percepirvi come un'autorità nel settore da voi scelto.

Condividete una parte della vostra esperienza con queste persone utilizzando tecniche Internet efficaci (blogging, pubblicazione di forum, webinar, article marketing e pubblicazione di ezine).

Assicuratevi di poter aiutare i potenziali clienti a risolvere i loro problemi più urgenti o a metterli in condizione di operare in modo indipendente. Solo così potrete dimostrare il vostro valore e acquisire la loro fiducia.

Verificate la concorrenza. Potete confrontare i vostri servizi con quelli dei vostri rivali. Avete altri vantaggi? I vostri articoli sono più utili? Se ritenete che i vostri articoli siano nettamente superiori a quelli della concorrenza, potete aumentare i prezzi fino al 100%. Non dovete preoccuparvi di perdere clienti se riuscite a convincerli che i vostri prodotti sono più preziosi di quelli equivalenti venduti online.

Comprendete il vostro mercato di riferimento. Non potete aumentare i prezzi se il vostro mercato di riferimento si arrangia a malapena. Prima di aumentare i prezzi e di prevederne l'entità, dovete conoscere a fondo il potere d'acquisto dei vostri clienti. Determinate quanto guadagna il vostro mercato target e come reagirebbe se aumentaste il prezzo dei vostri pacchetti di coaching online attraverso una ricerca.

14. Marketing online.

Sapevate che il marketing delle attività su Internet può eliminare i vostri problemi di liquidità? Commercializzare il vostro prodotto o servizio o commercializzare un prodotto o servizio per altri può fornirvi il denaro extra di cui avete bisogno in caso di bisogno. È vero che decine di migliaia di persone lo fanno ogni giorno ed eccellono in questo.

Oltre a promuovere un prodotto o un servizio tramite un sito web, fare soldi online è vantaggioso perché si possono raggiungere le persone anche tramite i media wireless e le e-mail. Questo potrebbe essere il secondo lavoro ideale per voi se siete esperti di progettazione di siti web e vi piacciono le vendite e il marketing. Alcuni individui hanno talmente tanto successo nelle loro attività su Internet che non hanno bisogno di un impiego tradizionale.

Anche se non siete dei veri e propri esperti in questi settori, potete ottenere gli strumenti e le risorse necessarie per aggiornarvi se siete veramente interessati a fare soldi online acquisendo una formazione. Se vi prendete il tempo di studiare a fondo, molti strumenti e servizi gratuiti e di facile utilizzo possono aiutarvi a raggiungere il vostro obiettivo di sicurezza finanziaria.

Dovreste familiarizzare con i numerosi tipi di pubblicità utilizzati per attirare i visitatori di un sito web. Questa può assumere la forma di pubblicità display, utilizzando banner o annunci pubblicitari su un sito web per promuovere un prodotto o un servizio simile a quello che state commercializzando. Si tratta di una strategia ampiamente utilizzata per aumentare la conoscenza dei vostri prodotti da parte dei consumatori, e l'inserimento degli annunci può essere a pagamento.

Le affiliazioni sono un altro metodo per commercializzare articoli e servizi su Internet. Questa pubblicità compensa l'affiliato per ogni visitatore che porta al sito web di un'altra azienda. Molte aziende pagano una tariffa per ogni consumatore che visita il loro sito web e spesso pagano di più per coloro che completano un acquisto.

L'utilizzo dei social media è oggi una tecnica prevalente di internet marketing. L'utilizzo di un gruppo di social media per la pubblicità su un sito web o attraverso altri canali aumenta il numero di clic che altrimenti non si verificherebbero. I gruppi di social network hanno naturalmente una notevole quantità di traffico organico.

Il video marketing è molto efficace per generare visitatori sul sito web. Si tratta di sviluppare e organizzare filmati che incuriosiscano lo spettatore e lo spingano a visitare il sito web e a fare un acquisto.

Se questo vi sembra interessante, studiate il tipo di prodotto o servizio che vorreste offrire o aiutare a pubblicizzare per gli altri. È irragionevole aspettarsi di diventare ricchi da un giorno all'altro, ma con la giusta nicchia e la giusta formazione, il marketing online è un modo formidabile per iniziare!

CAPITOLO 5: COME GUADAGNARE 5.000 DOLLARI ALL'ORA E AUMENTARE IL FLUSSO DI CASSA.

Il flusso di cassa è la linfa vitale delle finanze aziendali e personali e determina la sopravvivenza o la morte dell'azienda o del conto corrente. Le imprese e gli individui che dispongono di un flusso di cassa abbondante e facilmente disponibile hanno maggiori probabilità di successo in condizioni economiche difficili o favorevoli.

Per il successo di un'attività domestica, la generazione di un flusso costante di entrate deve essere un obiettivo primario, oltre al marketing. In realtà, il flusso di cassa è l'unico fattore che determina tutte le altre operazioni aziendali. Vi permette di respirare e la sua assenza soffoca la vostra azienda o il vostro conto in banca.

Il flusso di cassa vi permette di prendere decisioni ragionevoli basate su principi commerciali intuitivi, piuttosto che decisioni basate sul vostro livello di ansia finanziaria. Vi aiuta a stabilire un buon credito con finanziatori e fornitori e vi permette di continuare ad acquistare marketing e pubblicità per la vostra azienda.

La pubblicità e le risorse necessarie per mantenere l'azienda in costante attività di marketing e di promozione delle vendite generano liquidità. Un flusso di cassa abbondante implica che le fatture continueranno a essere pagate in tempo, che le buste paga saranno rispettate se assumete qualcuno oltre a voi stessi e che il vostro livello di stress diminuirà come risultato diretto dei successi della vostra attività.

Aumentare il flusso di cassa ogni giorno in cui si gestisce un'attività domestica o qualsiasi altra attività è essenziale per ottenere i risultati costanti necessari per sopravvivere e prosperare. Come si può quindi garantire un flusso di cassa continuo e una crescita costante nel tempo?

Partecipare a un'attività con un piano di remunerazione ottimale che generi un flusso di cassa consistente con ogni vendita. Questo sembra essere più facile a dirsi che a farsi, giusto? Non è vero. Il più delle volte, i titolari di un'attività da casa si buttano a capofitto su un'attività che promette di pagare profumatamente.

Tuttavia, il volume di affari necessario per creare i rendimenti pubblicizzati è spesso superiore a quello che la maggior parte delle persone è in grado di produrre. Troppo spesso gli individui entrano in un'azienda che richiede loro di spostare enormi quantità di prodotti o di fornire un'abbondanza di servizi per ottenere sostanziali ritorni finanziari.

Vendere o promuovere un prodotto o un servizio che costa al consumatore 20, 30 o 40 dollari o più non frutterà le stesse commissioni o gli stessi profitti di un prodotto o un servizio che costa al consumatore 1.000, 5.000 o 10.000 dollari o più.

L'argomentazione sarà sempre che questi prodotti dal prezzo più alto non si venderanno con la stessa frequenza. Non sono d'accordo: se il prodotto migliora la vita del consumatore e aggiunge valore, può essere commercializzato e venduto, aumentando il flusso di cassa.

Cercate un prodotto o un servizio che non richieda migliaia di clienti per essere redditizio e che non vi obblighi a lavorare molte ore al giorno. Come direttore di un ristorante, dovevo tenere aperto il locale per almeno 16 ore al giorno, sette giorni alla settimana, 52 settimane all'anno, e servire clienti che spendevano dai 10 ai 20 dollari a persona per guadagnare migliaia di dollari di entrate settimanali.

Ho assunto centinaia di dipendenti per i ristoranti e ho avuto bisogno di queste enormi strutture per condurre l'attività, un'attività con grandi spese generali. Anno dopo anno, il lavoro è stato estenuante.

Oggi ha più senso vendere un prodotto o un servizio che non richiede molti consumatori per produrre decine di migliaia di dollari di vendite. L'aumento del rendimento del marketing e della pubblicità riduce i costi generali ed elimina la necessità di personale, aumentando il flusso di cassa che consente all'azienda di espandersi.

Implementare sistemi automatizzati. Con la tecnologia di oggi, potete accedere a sistemi che, una volta impostati, gestiranno praticamente la vostra attività 24 ore su 24, 7 giorni su 7, 365 giorni all'anno, anche mentre dormite, seguiranno i vostri potenziali clienti ed effettueranno transazioni multiple senza che dobbiate "badare alla cassa", per così dire.

L'accesso a questi sistemi e l'integrazione dei vostri prodotti e servizi vi consentiranno di continuare a operare mentre siete in vacanza o vi prendete un giorno di riposo. Non è necessario essere fisicamente presenti per concludere ogni vendita con i clienti.

La maggior parte delle persone che lavorano da casa hanno bisogno solo di un accesso a Internet, di un computer, di materiale pubblicitario e di un sistema di risposta automatica, dopodiché possono lasciare che il sistema faccia il suo lavoro. Voilà, con l'aumento delle vendite, aumenta il flusso di cassa!

Assicuratevi di essere pagati per primi. L'ho già detto. Questo è essenziale per il flusso finanziario. Senza un compenso per ciò che vendete, la gestione di un'attività non ha senso perché non ci sarebbe flusso di cassa.

Con la tecnologia odierna, è possibile integrare sistemi di pagamento come PayPal, Alertpay, MoneyPak e transazioni con carta di credito/debito direttamente su un sito web ed essere pagati quasi immediatamente per prodotti e servizi, senza dover aspettare un assegno da una società madre o che i fondi arrivino dall'ufficio centrale.

Il pagamento immediato di beni e servizi è diventato la norma nell'era digitale. Non c'è da aspettare per il pagamento. Questo migliora la vostra liquidità. Stringendo rapporti di joint venture con aziende compatibili con voi e consentendo pagamenti rapidi, aumenterete le vostre entrate e diminuirete le spese. È una situazione vantaggiosa per tutti.

Lavorando da casa o creando un'attività a domicilio, potrete diminuire le spese aziendali e i costi generali ed essere in grado di operare in modo più efficiente rispetto alla maggior parte delle grandi organizzazioni. Non c'è bisogno di una struttura o di un ufficio.

Non c'è bisogno di pagare un affitto o un contratto di locazione, non c'è bisogno di pagare premi assicurativi esorbitanti e controllando le polizze assicurative, i piani telefonici e i piani sanitari, soprattutto se non lo avete fatto nel recente passato, troverete ulteriori risparmi che contribuiranno ad aumentare il vostro flusso di cassa.

La ricerca di metodi più efficienti dal punto di vista dei costi per gestire la vostra azienda vi consentirà di tagliare il grasso qua e là. Può migliorare significativamente il flusso di cassa e i profitti, aumentando il capitale disponibile dell'azienda.

Offrire beni e servizi digitali. Nell'era della tecnologia e dell'informazione, un prodotto digitale è facilmente e prontamente distribuito e può generare immediatamente profitti. Eliminare l'adagio di accumulare hardware, forniture di prodotti e scorte che rimangono sugli scaffali in attesa di essere vendute o che vengono utilizzate per creare o costruire qualcosa che blocca importanti riserve finanziarie influenzerà in modo significativo il flusso di cassa.

La vendita di un prodotto o di un servizio digitale è un modo per generare rapidamente liquidità. Elimina l'esigenza di un inventario fisico che non si vende se non lo si maneggia, lo si impacchetta e lo si trasferisce in un'altra sede con un costo per il flusso di cassa. Inoltre, libera preziose risorse monetarie liquide per usi alternativi.

Seguire la regola dell'80/20. La regola dell'80/20 suggerisce che solo il 20% dei vostri clienti potenziali e dei vostri clienti rappresenta l'80% dei vostri profitti. (o, nel caso di un'organizzazione basata sui servizi, degli sforzi). Il 20% della vostra base di consumatori che acquista ciò che state vendendo servirà come gruppo di riferimento per articoli e servizi futuri.

Perché impegnarsi in un'attività o in un'opportunità da casa che richiede di scoprire migliaia di potenziali acquirenti per guadagnare lo stesso livello di flusso di cassa, se vi bastano pochi clienti per generare un reddito e un flusso di cassa significativi?

Determinate quali sono le attività o gli articoli più redditizi e produttivi e concentrate tutti i vostri sforzi di marketing e pubblicità su di essi. Così facendo, non noterete che le vostre vendite continuano a salire nel tempo, fino a raggiungere l'inafferrabile retribuzione oraria di 5.000 dollari!

CAPITOLO 6: TRASFORMARE IL FLUSSO DI CASSA NEGATIVO IN FLUSSO DI CASSA POSITIVO.

Ecco alcuni suggerimenti per la gestione dei costi che vi aiuteranno a raggiungere i vostri obiettivi finanziari:

Esaminate le prime 10 spese mensili del vostro budget; quasi sempre ci sono almeno una o due voci di cui potreste fare a meno, permettendovi di avere più soldi alla fine di ogni mese.

È il momento di eliminare i vostri cattivi comportamenti.

Se fumate, questa sarà l'abitudine più difficile da eliminare. Il fumo di prima e seconda mano è dannoso per il fumatore e per chi lo circonda. Per non parlare dell'aumento della tassazione sul tabacco.

Creare e rispettare un budget. Un budget vi permette di valutare le vostre entrate e le vostre uscite mensili e di decidere tra le necessità e i desideri.

Vivere nei limiti delle proprie possibilità finanziarie. Se spendete ogni dollaro che guadagnate alla fine di ogni mese, non avrete alcun capitale da investire. Si tratta di buon senso.

Mantenete un budget e organizzate le vostre finanze. Siate parsimoniosi. Acquistate solo ciò che è conveniente e necessario. Non vestitevi per impressionare gli avversari.

Aumentate le franchigie delle polizze casa, auto e altre assicurazioni per ridurre i prezzi.

Se state pagando un'assicurazione ipotecaria, estinguete il mutuo il prima possibile. L'assicurazione protegge il creditore del mutuo, non voi o la vostra famiglia.

Rimborsate i debiti inesigibili.

Utilizzate questi metodi per aumentare le vostre entrate.

Cose che non vi servono più. Vendete gli oggetti inutilizzati che avete in casa. Utilizzate Craigslist o organizzate una vendita in garage per vendere gli oggetti.

Affittate la stanza degli ospiti. Su siti web come Airbnb, milioni di proprietari di casa affittano stanze o piani delle loro attuali abitazioni per brevi periodi.

Affittate la vostra auto. Siti come Uber e Turo vi permettono di affittare gli altri posti della vostra auto, o l'intero veicolo se siete audaci!

Utilizzate i vostri talenti e il vostro tempo. Avete ancora tempo dopo aver venduto i vostri beni? Sfruttate le vostre capacità professionali o i vostri interessi personali per generare un reddito aggiuntivo durante il tempo libero, le notti e i fine settimana. Se vi piace realizzare prodotti fatti a mano, potete venderli su Etsy.

I frutti del vostro albero possono essere venduti al mercato contadino locale. Molte case alle Hawaii hanno alberi da frutto in giardino. Avete una ricetta particolarmente popolare? Vendetela ai mercati contadini del quartiere.

Potete anche guadagnare soldi extra cucinando, facendo le pulizie, badando ai bambini o portando a spasso i cani. Le possibilità sono illimitate. Potete pubblicizzare i vostri servizi su siti web come TaskRabbit. Potete anche iscrivervi a Mechanical Turks di Amazon, dove potete svolgere piccoli compiti a pagamento.

CAPITOLO 7: RISOLUZIONI PER MIGLIORARE IMMEDIATAMENTE IL VOSTRO FLUSSO DI CASSA.

Migliorare il flusso di cassa e ridurre l'indebitamento sono obiettivi fondamentali per chiunque, e io intendo aiutarvi a raggiungerli in nove semplice fasi.

1. Piano per il futuro:

Avendo lavorato nel settore alimentare e analizzato le statistiche di vendita, so che i prezzi dei negozi di alimentari sono superiori del 20-30% rispetto ai costi dei negozi di alimentari. Cosa c'entra questo con il miglioramento del flusso di cassa?

Se programmate la spesa in anticipo, potreste risparmiare un altro 20-30%. Lo stesso vale praticamente per qualsiasi cosa, compresi gli abbonamenti alle riviste, le forniture per la casa e altri articoli di uso comune.

2. Rifinanziamento del mutuo per la casa:

Quando rifinanziate il vostro mutuo per la casa, potete sostituire l'ipoteca esistente con una nuova ipoteca di primo grado. Se riuscite a ottenere un tasso di interesse più basso di quello attuale, il risparmio potrebbe essere notevole.

Quanto vasto?

Se convertite un mutuo a tasso fisso trentennale di 150.000 dollari all'8,5% in un mutuo trentennale di 150.000 dollari al 7%, la vostra rata mensile diminuirà di 155 dollari. Risparmierete oltre 40.000 dollari di interessi nel corso del mutuo. Avete appena incrementato il vostro flusso di cassa mensile e risparmiato più di 40.000 dollari. Questo è un approccio prudente alle finanze!

3. Utilizzate il capitale della vostra casa per ridurre altri debiti:

Se disponete di una notevole quantità di capitale proprio e di una montagna di debiti con la carta di credito, la cosa più sensata è accendere un mutuo per la casa e pagare le carte di credito.

Dovrete pagare i costi di chiusura e altre spese in anticipo, ma i risparmi derivanti dalla riduzione dei pagamenti mensili possono avere un impatto sostanziale sul vostro flusso di cassa mensile.

La procedura è semplice: basta effettuare un rifinanziamento cash-out. Si tratta di ottenere un nuovo mutuo di primo grado con un saldo maggiore rispetto al mutuo attuale. La differenza è che la somma di denaro che avete "prelevato" dalla casa, l'avete messa in tasca e, idealmente, l'avete applicata alle altre fatture.

Invece di accendere un nuovo mutuo, si può scegliere un prestito di equità per la casa. I tassi sono in genere più convenienti dei normali tassi ipotecari e le commissioni associate al prestito possono essere minime o nulle.

C'è però un'eccezione: i tassi di home equity sono spesso variabili, quindi potrebbero aumentare se la Federal Reserve decide di aumentare il tasso prime (e una serie di altri fattori). Un mutuo per l'acquisto di una casa può essere preferibile a un normale mutuo di primo grado se non si ha bisogno di una quantità sostanziale di denaro e se si prevede di rimborsare il prestito entro tre-cinque anni.

4. Cercate un'assicurazione meno costosa:

Quando è stata l'ultima volta che avete cercato una polizza assicurativa? Se avete acquistato una polizza casa vent'anni fa o una polizza auto molti anni fa, potete voler confrontare i prezzi attuali.

È possibile che ora abbiate diritto a una tariffa preferenziale o che possiate ridurre la quantità di copertura richiesta. L'idea è quella di ottenere una copertura assicurativa adeguata senza pagare più del necessario.

5. Tagliare le spese:

State pensando a qualcosa di spiacevole, ma non ve ne preoccupate. Che ne dite di aumentare le mie entrate invece di ridurre le mie spese? Ridurre le spese è molto più semplice (e veloce) che aumentare le entrate. Potete fare migliaia di piccole azioni per ridurre i vostri costi settimanali e mensili.

Alcune misure di riduzione dei costi sono più semplici da adottare di altre, ma una volta attuate non è più necessario prenderle in considerazione. Ho scritto un saggio intitolato "Vivere al di sotto delle proprie possibilità" che illustrava in dettaglio diverse strategie di riduzione dei costi, ma ecco le più importanti:

Metodi semplici per ridurre le spese.

Non fumate, riducete l'assunzione di alcolici, cancellate gli abbonamenti inutilizzati alle riviste, rifiutate di usare i bancomat a pagamento, acquistate all'ingrosso quando possibile, saltate il caffè macchiato doppio ogni giorno, portate il pranzo al lavoro e cancellate l'abbonamento alla palestra se non lo usate. Queste sono solo alcune idee.

L'obiettivo è determinare dove va il vostro denaro e prendere in considerazione strategie per ridurre le spese.

6. Mangiare fuori meno spesso:

Questo aspetto potrebbe essere facilmente incluso nella categoria di riduzione delle spese elencata sopra, ma merita un "numero" a sé stante. Spendiamo molto di più per cibo e bevande di quanto non ci rendiamo conto. Bisogna imparare a cucinare, a utilizzare gli avanzi e a mangiare fuori meno spesso. Quest'ultimo aspetto può rappresentare un notevole risparmio di denaro.

Ecco alcune altre strategie per la ristorazione fuori casa:

- Il vino non deve essere ordinato con la cena. Bevete acqua. Questo mi ha fatto risparmiare quasi 1.000 dollari in un anno. Avete letto bene: consumo solo due bicchieri di vino a cena. Non ho seguito la regola di cenare fuori meno spesso perché all'epoca non ero sposata.

Consiglio di saltare il dessert e il caffè quando si cena fuori e di mangiare a casa, invece di pagare 3,50 dollari per una fetta di torta di carote quando una torta intera può essere acquistata per meno al supermercato. Il caffè vi costerà qualche centesimo. Tuttavia, il cappuccino vi costerà 3 dollari.

- La cena fuori è spesso un'occasione sociale che coinvolge l'altra persona, la famiglia e gli amici. Questo merita un lavoro aggiuntivo. Se siete abituati a cenare fuori con gli amici, perché non mangiare "fuori" a casa di amici invece di andare al ristorante?

7. Ricontrollate il vostro modulo W2:

Verso marzo o aprile di ogni anno si viene a sapere se si riceverà un rimborso fiscale. Se ricevete un consistente rimborso fiscale annuale dallo Zio Sam, potrebbe essere perché lo avete pagato in eccesso. Senza dubbio vi siete già sentiti così dopo aver controllato la vostra busta paga, ma mi riferisco al pagamento di tasse eccessive.

Aumentando le detrazioni consentite, ogni busta paga andrà a voi e non allo Zio Sam. Verificate con il vostro commercialista che state richiedendo il numero adeguato di detrazioni. Se così non fosse, contattate immediatamente il vostro ufficio di previdenza per correggere il vostro modulo W2.

8. Completate il vostro fondo di emergenza:

Ok, questo trucco non aumenterà immediatamente il vostro flusso di cassa, ma vi farà risparmiare molti dollari di interessi nel tempo. Il segreto per essere padroni delle proprie finanze è pianificare tutto, ma sappiamo tutti che le spese impreviste possono far deragliare anche i bilanci più meticolosamente preparati.

Se siete coinvolti in un incidente stradale o dovete riparare una vecchia caldaia, potete incorrere in costi non completamente coperti dall'assicurazione. Se non si dispone di un fondo di emergenza, è probabile che queste spese vengano addebitate sulla carta di credito, con il rischio di incorrere in notevoli interessi.

Iniziate subito a risparmiare per un fondo d'emergenza e utilizzatelo solo per situazioni reali.

9. Smettere di acquistare a credito:

Il più grande è lasciato per ultimo. Anche questo non migliorerà immediatamente il vostro flusso di cassa, ma eliminare l'abitudine di acquistare tutto con la carta di credito è essenziale per raggiungere l'indipendenza finanziaria. Come cultura, siamo inondati di debiti. Adoriamo gli acquisti a credito e la frase "anticipo basso, pagamenti mensili facili" è come un narcotico che crea dipendenza.

Sebbene la voglia di acquistare a credito sia allettante, è un suicidio finanziario acquistare tutto a credito. Dovete imparare a pagare le vostre carte di credito mensilmente. Se utilizzate una carta per un acquisto importante, come una vacanza o un nuovo computer, decidete di pagarla in un massimo di tre mesi.

Se non ci riuscite, dovreste iniziare a mettere da parte i fondi per le grandi spese previste. A tal fine è necessario pianificare ogni spesa importante.

Supponiamo che abbiate ancora problemi a pagare per intero le nuove spese ogni mese. In questo caso, il consiglio più importante che posso darvi è di iniziare a usare una carta di debito che prelevi automaticamente il denaro dal vostro conto corrente o risparmio.

In questo modo, non potrete portarvi a casa l'oggetto se non avete i contanti. Imparare a rimandare la gratificazione sarà difficile all'inizio, ma porterà a ricompense a lungo termine, come l'indipendenza finanziaria. Spetta solo a voi decidere se prendere il controllo delle vostre finanze o se lasciare che esse vi dominino.

Ecco quindi nove tecniche per aumentare il vostro flusso di cassa mensile. Ci sono molti altri modi per aumentare il vostro flusso di reddito, ma questi vi aiuteranno a iniziare.

CAPITOLO 8: EVITARE I COMUNI ERRORI DI GESTIONE DEL FLUSSO DI CASSA.

Lavorare con le piccole imprese negli ultimi vent'anni ha prodotto alcune esperienze affascinanti. Gli errori di gestione dei flussi di cassa commessi dai titolari d'impresa sono uno degli eventi più tipici.

Si può credere che solo gli imprenditori inesperti abbiano esperienze quasi mortali con le loro aziende. Eppure, ho avuto a che fare con imprenditori molto intelligenti e navigati che hanno commesso gli stessi errori.

Molti degli errori che commettiamo con il nostro flusso finanziario nella nostra vita personale e professionale hanno più a che fare con il modo in cui ci sentiamo riguardo al denaro che con il modo in cui lo pensiamo.

Non indietreggiate, continuate a leggere! Inizierete a sorridere e ad annuire, perché sono certo che avete già commesso almeno uno di questi errori, a prescindere da quanto crediate di essere logici e a vostro agio con il denaro.

1. Spesa d'impulso.

Esistono molte varietà di spese impulsive. L'evento di networking a cui state partecipando, il tavolo della fiera che avete preso all'ultimo minuto o il PC per l'ufficio che avete appena acquistato. Questi tre beni sembrano essere acquisti necessari nel normale corso degli affari, giusto?

In generale sì, ma esaminiamo l'acquisto del computer. Vi state chiedendo come un computer possa essere un acquisto d'impulso quando ne avete bisogno per gestire la vostra attività; il precedente si è appena guastato. È necessario prevedere un budget e una strategia di sostituzione per tutte le apparecchiature mission-critical dell'azienda. In effetti, questa frase è il motivo per cui si tratta di un acquisto d'impulso.

2. Pagare le bollette in base al saldo bancario

Questo è il mio errore preferito. È sicuramente il più diffuso tra le aziende con problemi di liquidità. Allo stesso modo, questo è direttamente collegato alle spese impulsive. In genere, la ruota che fa più rumore riceve l'ispezione.

C'è qualcuno in ufficio o al telefono che chiede un pagamento, quindi piuttosto che rischiare un confronto dicendo: "No, non posso staccare un assegno adesso, ma posso farglielo avere giovedì", ad esempio, si accede al proprio online banking per verificare di avere fondi sufficienti e si firma l'assegno.

Avete appena dimostrato alla controparte che siete personalmente disposti a dare priorità alle sue richieste prima delle vostre. Questo è peggio che non pagare il venditore alla scadenza. Considerate quanto potrebbe essere dannoso per la vostra relazione nel grande schema delle cose.

3. Estensione del credito a clienti non meritevoli di credito.

Quando decidete di concedere un credito ai vostri consumatori, state prestando loro del denaro. Chiedete ai vostri clienti di presentare una richiesta di credito e di includere referenze commerciali e bancarie. Chiamate queste referenze per sapere quanto credito hanno avuto con i fornitori.

È essenziale sapere quanto credito desiderano ottenere da voi e se in precedenza hanno ricevuto importi simili in regola. Se vendete un articolo costoso, non dovete esimervi dal richiedere i rendiconti finanziari.

4. Lasciare che i crediti invecchino è il quarto errore.

Avete accreditato i vostri clienti e ora dovete riscuotere le fatture in sospeso. Avete molte scuse per non incassare il denaro dovuto. Siete impegnati, non volete essere un fastidio e non volete compromettere il prossimo grande affare del vostro cliente. Tutti questi motivi o scuse sono ottimi modi per gestire male le vostre finanze.

Assicuratevi di disporre di un sistema affidabile che vi aiuti a riscuotere i pagamenti dai vostri clienti e a mantenerli in regola con i pagamenti. È altrettanto importante mantenere gli incassi correnti quanto spedire le cose in tempo. Permettere ai vostri consumatori di pagarvi ripetutamente in ritardo insegna loro che il pagamento puntuale non è importante.

5. Pagare i fornitori prima del tempo.

Intendete coltivare forti legami con i vostri fornitori, ma dovreste pagarli in anticipo solo quando ricevete uno sconto. Dovete considerare i vantaggi e gli svantaggi per stabilire se lo sconto vale la pena di versare contanti prima del necessario. Il mantenimento di un saldo di cassa costante e il pagamento puntuale delle fatture avranno benefici a lungo termine per la vostra azienda, soprattutto in caso di crescita.

6. Eccesso di scorte e forniture.

Quando la merce rimane sugli scaffali e non è più disponibile per altri sforzi, gli sconti incrementali sugli ordini di grandi quantità perdono valore. In altre parole, si ritiene di diminuire il costo unitario e di aumentare il guadagno lordo. Tuttavia, non potete agire con la stessa rapidità su altre possibilità, poiché avete impegnato dei fondi.

Dovete stabilire se i piccoli risparmi derivanti dall'acquisto di prodotti sfusi valgono il tempo in cui il magazzino rimane sullo scaffale. Le scorte non maturano interessi, ma si svalutano nel tempo.

7. Non controllare le spese per i salari.

È estremamente semplice lasciare che i giorni si allunghino e che la busta paga aumenti gradualmente. Una pianificazione insufficiente e una mancanza di direzione contribuiscono all'aumento dei costi salariali. Quanto tempo impiega la vostra squadra a riorganizzarsi ogni volta che scoppia un nuovo incendio?

Un contatto con il cliente per un ordine in ritardo, in cui tutti si danno da fare per accontentarlo, è molto più costoso che preparare e rispettare un programma di lavoro. Avere dei criteri e una "regola empirica" per la durata di un'attività può aiutare a mantenere costanti i costi del personale.

CONCLUSIONE.

Prima o poi vi troverete inevitabilmente di fronte al dilemma di come incrementare il vostro flusso di cassa. Per massimizzare l'efficacia dei vostri sforzi, se avete un bisogno immediato di denaro, è necessario intraprendere alcune azioni.

La prima regola è evitare di prendere decisioni dettate dalla disperazione. Quando si prendono decisioni avventate, si può finire per sacrificare gli obiettivi a lungo termine per ottenere ricompense a breve termine, per poi ritrovarsi nello stesso scenario che si cercava di evitare.

Ora che avete capito che dovete generare denaro rapidamente, avete due possibilità. La prima è accettare una posizione poco remunerativa ma stabile, mentre la seconda è acquistare un sistema Internet che promette ricchezza in pochi giorni o ore.

La scelta che farete determinerà se sarete una pietra mobile per il resto della vostra vita, alla continua ricerca di affari, o se raggiungerete l'indipendenza finanziaria. Il percorso verso il successo richiede pazienza e la capacità di prendere e convivere con decisioni difficili.

Prima di unirvi al carrozzone online nella speranza di diventare ricchi, dovete valutare le vostre probabilità. Il 95% delle persone che scelgono questa strada non realizzano mai un profitto.

Oltre ad acquistare il prodotto informativo più recente per fare soldi, dovete avere un piano ben congegnato se volete entrare a far parte del 5%. Se in passato avete acquistato articoli per il cash flow, sapete che il tempo di gestazione è spesso lungo e che il venditore è l'unica persona a trarre profitto.

A questo punto della vostra vita, il lavoro da 9 a 5 è preferibile al tentativo di lavorare online. Dovete semplicemente mettervi al lavoro e svolgere tempestivamente le attività necessarie. Questo vi darà il respiro necessario per pianificare il futuro.

Raramente una carriera garantisce l'indipendenza finanziaria, ma una persona sommersa dai debiti non può pensare. Quando si è ancora occupati, è necessario risparmiare per mantenere vivo l'obiettivo dell'indipendenza finanziaria.

È possibile entrare nello stagno online quando il lupo non è più alla porta. Iniziate studiando le strategie per migliorare il flusso di cassa senza incorrere in ulteriori costi. In questo modo, guadagnerete esperienza utile quando lavorerete online a tempo pieno.

A seconda delle vostre capacità, esperienze e preferenze, sono accessibili molte opportunità. Inizialmente, trovate qualcosa di piacevole da fare. Una volta che il vostro flusso di cassa sarà migliorato, potrete iniziare ad acquistare oggetti su Internet.

Competenze gestionali per manager.

1. Gestione del tempo per manager
2. Coaching dei dipendenti per dirigenti
3. Team building per manager
4. Fiducia in se stessi per dirigenti
5. Abilità di negoziazione per manager
6. Abilità di servizio al cliente per manager
7. Assertività per manager
8. Galateo commerciale per manager
9. Capacità di ascolto per manager
10. Capacità di leadership per manager
11. Abilità comunicative per manager
12. Abilità di presentazione per manager
13. Gestione dello stress per manager
14. Processo decisionale per manager
15. Gestione dei conflitti per manager.

Serie: Libertà finanziaria a qualsiasi età.

- Raggiungere la libertà finanziaria a 20 anni
- Raggiungere la libertà finanziaria a 30 anni
- Raggiungere la libertà finanziaria a 40 anni
- Raggiungere la libertà finanziaria a 50 anni
- Raggiungere la libertà finanziaria a 60 anni
- Raggiungere la libertà finanziaria a 70 anni e oltre.
- Raggiungere la libertà finanziaria nei bambini
- Raggiungere la libertà finanziaria negli adolescenti
- Raggiungere la libertà finanziaria negli studenti universitari.
- Truffe finanziarie da cui stare attenti in pensione.

Serie: Finanza personale per voi.
- ➢ Comprare e vendere criptovalute per principianti
- ➢ Perché investire in azioni a dividendo ha senso.

Serie: Ricchezza 2022.

- ➢ Imprenditorialità online.
- ➢ Avviare un'attività in proprio
- ➢ Gestione della ricchezza
- ➢ Reddito passivo.
- ➢ 12 passi per avviare un'attività in proprio.

Serie: Servizio clienti eccellente.
- ➢ Servizio clienti eccellente nella vendita al dettaglio
- ➢ Servizio clienti eccellente nei fast food
- ➢ Servizio clienti eccellente in un ristorante a servizio completo
- ➢ Servizio clienti eccellente nell'insegnamento.
- ➢ Servizio clienti eccellente nel settore immobiliare
- ➢ Servizio clienti eccellente in un call center
- ➢ Servizio clienti eccellente come receptionist
- ➢ Servizio clienti eccellente in un hotel
- ➢ Servizio clienti eccellente nella vendita
- ➢ Servizio clienti eccellente in qualsiasi situazione.
- ➢ Servizio clienti eccellente in uno studio dentistico

➢ Servizio clienti eccellente in uno studio medico.

Serie: Soldi veloci.

➢ Soldi veloci in una settimana
➢ Soldi veloci in un weekend
➢ Soldi veloci in un mese
➢ Soldi veloci per studenti.

Serie: Come promuovere.

➢ Come promuovere il libro di ricette
➢ Come promuovere un libro per bambini.

Altri libri di D.K. Hawkins.

➢ Come far prosperare l'azienda durante la recessione
➢ Creare un plusvalore per i clienti
➢ Riconoscere le opportunità per aumentare il flusso di cassa.

Biografia dell'autore

D.K. Hawkins. A D.K. piace leggere libri di economia personale e passare il tempo all'aria aperta. Altri libri verranno aggiunti a questa raccolta, quindi vi invitiamo a seguirci su Amazon per altri libri.

Grazie per aver acquistato questo libro.

Lo apprezzo sinceramente e apprezzo lei, il mio eccellente cliente.

Dio vi benedica.

D.K. Hawkins.

www.ingramcontent.com/pod-product-compliance
Lightning Source LLC
Chambersburg PA
CBHW070239220526
45465CB00004B/1449